ACCESO GRATIS a la Lectura en la Nube

Para visualizar el libro electrónico en la nube de lectura envíe junto a su nombre y apellidos una fotografía del código de barras situado en la contraportada del libro y otra del ticket de compra a la dirección:

ebooktirant@tirant.com

En un máximo de 72 horas laborales le enviaremos el código de acceso con sus instrucciones.

[CONTINUACIÓN]
TERCER LIBRO
DE VERSOS

[CONTINUACIÓN]
TERCER LIBRO DE VERSOS

DOMINGO CARBAJO VASCO

tirant lo blanch
Valencia, 2026

©   Domingo Carbajo Vasco

©   TIRANT LO BLANCH
    EDITA: TIRANT LO BLANCH
    C/ Artes Gráficas, 14 - 46010 - Valencia
    TELFS.: 96/361 00 48 - 50
    FAX: 96/369 41 51
    Email: tlb@tirant.com
    www.tirant.com
    Librería virtual: www.tirant.es
    DEPÓSITO LEGAL: V-4680-2025
    ISBN: 979-13-7021-356-5
    MAQUETA: Tink Factoría de Color

Si tiene alguna queja o sugerencia, envíenos un mail a: *atencioncliente@tirant.com*. En caso de
no ser atendida su sugerencia, por favor, lea en *www.tirant.net/ index.php/empresa/politicas-de-
empresa* nuestro procedimiento de quejas.

Responsabilidad Social Corporativa: http://www.tirant.net/Docs/RSCTirant.pdf

Índice de versos

ACTOS DE AMOR

CODAS FINALES

Y, al principio, fueron el prólogo… y el verso

Hace ya algunos años, en el convulso, mentalmente lejano y enfermizo ejercicio 2021, este autor, en otro "Como si fuera un prólogo" de su "Segundo Libro de Versos", advertía:

"Quedan en mi baúl muchos otros trabajos y espero, si el tiempo y las circunstancias me lo permiten, seguir dando a conocer (la vanidad humana es irresistible) mis labores y mis días".

Pues bien, siendo así que, "vanidad de vanidades, todo es vanidad", ha llegado el momento de ofrecer una retahíla de poemas, otra gavilla de estrofas, donde este humilde autor mezcla su corazón y su intelecto.

Y este tiempo de cosecha es todavía más oscuro, más gris y premioso porque el poeta ha llegado a una edad (en septiembre de 2025 cumpliré, "Deo volente", sesenta y ocho años) donde hay más cuentos de pasado y nostalgia por lo vivido que búsqueda de novedades, intención de renovar afanes o ansias de perfección y sorpresas por lo encontrado en nuestro deambular por esta Tierra.

De esa visión pasada recojo versos escritos, como en otros libros, en momentos y circunstancias muy variadas, textos que responden a inspiraciones muy diversas, constancia de recuerdos de épocas pretéritas e inspiraciones distintas.

El premioso utilitarismo diario me impide ofreceros una temática uniforme, pero, a cambio, os manifiesto un yo evolutivo, cambiante, donde cada época tuvo su afán y su condena, su trabajo y su ocio, su amor y su odio, su esperanza y su tristeza.

Cada poema es único porque el autor se encarnaba en un personaje distinto, cada título ameritaba una inspiración específica, un anhelo nuevo o una sorpresa.

Por ello, aunque he intentado agrupar por temas algunas composiciones y seguir las líneas del tiempo por mi vida, no siempre ha sido así; ni el desconocimiento cronológico lo ha permitido ni la agrupación por áreas pasa de ser un artificio.

Por hábito y contención he seguido limitando el contenido del texto a 24 poemas más dos declaraciones de arte poética y dos codas finales.

De todas maneras, pido a los dioses, quieran darme la oportunidad de publicar recopilaciones posteriores donde siga inscribiendo mi devenir, pero el futuro es incierto y nada puede afirmarse de él, incluso es posible que no se realice.

En cualquier caso, si con este libro logro comunicaros algo, si os transmito mi voz, mi idea, mi cuerpo, mi sangre, mi sustancia, estaré más que satisfecho; en caso contrario, os pido perdón, no quise ni ofenderos ni haceros perder ese precioso tiempo que, en este instante, se me va escapando de las manos minuto a minuto, grano de arena a grano de arena.

Madrid, agosto de 2025.

DECLARACIÓN DE ARTE POÉTICA

1ª

LOS VERSOS

He escrito un poema
Como quien arroja una piedra
A un estanque de aguas turbias, verdosas
Algas, cieno
Y barro espeso.

Lo hice como un grito solitario
En medio de un inmenso campo,
Rodeado de lobos famélicos,
Ahíto de miedo
Y pálido de cansancio.

He recitado
En soledad todos sus versos,
Sus estrofas y estancias
Y os lo he entregado
Como en un sacrificio
De sangre y corazones rotos
Ante una pirámide de dioses aburridos y distantes.

Porque es un lamento,
Una voz ahogada, un fúnebre canto
Porque los hombres están solos y mueren
Y porque el amor nunca es más fuerte
Que la muerte.

2^a

ESCRITO PARA OTRO

El poeta no tiene nunca quien le escriba.
Por eso, se desespera, lucha, se agota en los días
Y desgasta las noches, construyendo versos, perfilando rimas.

Sus manos de herrero, orífice o ceramista
Son.

Vedlas, llenas de costras, de manchas, de heridas.
Golpeadas a cincel, con arrugas de fondo, curtidas
De palabras, de signos, de ritmos, de tinta
Inútil que desparrama siempre, mezclando su sangre con la vida.

Pero el esfuerzo qué importa, si pronto se olvida,
Porque, sin saberlo, ha nacido el verso, se recibe la perdida
Palabra, la construcción perfecta, la estrofa sentida.

Y, entonces, todo vale, todo adquiere sentido: la huida
Hacia la nada, el dolor, las lágrimas, las historias
Del pasado, las inútiles batallas, casi siempre perdidas.

Porque escuchas lo escrito, porque sientes la lluvia
En cada página y la música celeste, donde todo instrumento afina.

Porque en tus versos el dolor humano existe y porque nunca
se olvida.

EN EL CAMINO

1
ZAMA

Salí de la ciudad, ribera abajo, al encuentro solitario del barco que aguardaba, sin saber cuándo vendría.

Llegué hasta el muelle viejo, esa construcción inexplicable, puesto que la ciudad y su puerto siempre estuvieron dónde están, un cuarto de legua arriba.

Entreverada entre sus palos, se menea la porción de agua del río que entre ellos recae. Con su pequeña ola y sus remolinos, sin salida, iba y venía, con precisión, un mono muerto, todavía completo y no descompuesto. El agua, ante el bosque, fue siempre una invitación al viaje, que él no hizo hasta no ser mono, sino cadáver de mono, El agua quería llevárselo y lo llevaba, pero se le enredó entre los palos del muelle decrépito y ahí estaba él, por irse y no, y ahí estábamos.

Ahí estábamos, por irnos y no.

(Fragmento de "Zama" de ANTONIO DI BENEDETTO).

I

Yo no viví la espera,
La construí, aguardando,
Que todas las cosas me llegaran,
A su ritmo, paso a paso,
Susurrando.

Porque todos los hechos
Se ejecutan a su tiempo,
Hay que acecharlos; demorando
Lo vivido entonces, alentando
Lo inútil, la rutina, los silencios,
Siempre escuchando.

II

Solicitar la tibia noche, de estrellas
Que murieron hace años,
Para retomar unos sueños
Que, nunca, serán actos
Si no tristes ecos
De lo que pudiste ser y sabes que no estás ejecutando.

Intentar un mañana que no importa a nadie, recelando
Del alba que destruye, de la luz que agota y vence nuestros
Ojos porque, al despertar, estaremos
Todavía más solitarios.

III

Entonces, como otrora, me hallarás buscando
Un no sé qué que, estas manos
Poseían no hace tanto,
Pero polvo ya es, cuando,
Entre los dedos,
Su rastro
Se me va escapando.

2
HA LLEGADO LA AURORA

Ha llegado la aurora.
Me lo dijo la oscura noche, cuando en su techo
Titilaban las azules estrellas, a lo lejos.
Lo presentía en el aire con aromas naciendo
De briznas de hierbas y flores nuevas, de sabores frescos.
Lo escuché en el alegre cantar de los pájaros, cuyos ecos
Y trinos deshacían con ritmo los pesados silencios.

Vedla, ahora, plena de luz, apareciendo
Por mi ventana; raudos, los rayos de sol se han ido expandiendo.
¡No los dejéis escapar! ¡Respirad, estirad vuestros brazos, alargar
vuestros dedos, /
Cogedlos ¡

Es toda gloria. Todo es un renacimiento.
¡Despertad¡¡Venced al pesado y oprobioso sueño ¡

Ha llegado el alba.
Simplemente, sabedlo.

Mayo de 2021.

3

CAMINANDO

I

En el camino
yo encuentro:
piedras,
silencios
y signos
de oscuros
presagios,
palabras
para
mis versos
e, incluso,
recuerdos
de antaño.

II

Caminante,
ligero,
yo te acompaño;
caminante
que marchas,
sigue tus pasos.

Caminante
sin rumbo,

ve acelerando,
ni el amor
ni la historia
valen un cuarto.

Caminante
que, raudo,
sigues andando,
sí, a lo lejos,
atisbas gente
esperando,
aviva
tu ritmo,
no la hagas caso.

III

Tú, corre,
avanza
raudo;
lo que importa
es la senda,
no lo pasado,
ni el origen,
ni el cuándo;
pues al final
como a todos,
nada ni nadie
nos estará aguardando.

Madrid, 19 de abril de 2015.

PAISAJES

4

LANZAROTE

Verano de 2012.

I

Nada.
El sol
Que agrieta
Las piedras,
Un mar
De lava
Y viento.

Pero,
¿Qué
Importa
Todo,
Si la muerte
Acecha
Y derrota
Al tiempo?

Y, sin embargo,
¿Qué
Más da
Saberlo,
Si esta
Luz

Nos ciega
De fulgores
Y sueños?

II

Dejadlo
Ahora.
Detened
El momento.

Tu lento
Ritmo
Aprisiona
El signo
De todo
Movimiento.

Agotado
El impulso,
Reprime
El instante.

III

La tarde
Cae.
En el espacio
Estéril,
Los lagartos

Grises
Sus cuerpos
Extienden.

      Pesa
El aire,
Sube
El aliento
Y, ausente,
Retorna
La noche
Con sus velos
Azules
y negros.

      Soledad
Perfecta.
Infinita
Calma.
Pretérito
Imperfecto.

      Apagados
Ecos
Se adormecen
Lejos.

      Dios
Aún existe.
Silencio.

5

LUZ DE ALBA

I

La luna
Golpea
El río
Suavemente.

Hay un rumor
Febril,
De junco,
Jazmín
Y noche,
Con relente.

La luz
Se deshilacha,
Tenue,
De negro
Y oro,
Casi transparente.

II

Hombre,
No te dejes,
Que tu cuerpo

Dormido
Se alegre,
Y frente
Al espejo
No se turbe,
Sin reconocerse.

Mientras
Su pálido
Rayo
Se teje
Arduamente,
Y acaricia
Tu rostro
De finas
Líneas,
Fugaz,
Casi adolescente.

III

Pero,
Ya las plantas
Crecen
Y el color
Del paisaje
Se vuelve
Hacia lo verde.

Quisiera
Decir que no,

Seguir
Durmiendo
Ahora
Y siempre,
Pero
Ruidos
Y trinos
Me vencen.

IV

Está naciendo
El alba
Intermitente,
Junto
A un brillo
De un sol
Que se estremece.

A lo lejos,
Tremolan
Las aguas
Roncas
Y fuertes.
Las piedras
Van gastando
Su canción
Evanescente.

V

Al final,
Fenece
El sueño.
La vida
Vuelve.

Se remece
El muchacho,
Abandona
Su alcoba
Y se nos pierde.

El triste
Olvido
Regresa
Como siempre.

Madrid, 16 de abril de 2012.

6

PAISAJE

I

Otoño.

El puente
De piedra
Y cal, blanco,
Con sus vanos
Abiertos
Como siempre
Entre claro y claro,
Vacilando.

Un arco
Cae
Al lado
Del otro,
Dibujando
Sombras,
Apuntando
Esferas,
Cerrando
Pretiles,
Susurrando.

II

Chapotea
El ruido
Del agua, golpeando.

Hacia el alto
Cielo
Se ven álamos
Blancos.

En el campo
Solo
Desentona el grillo,
Trasteando.

III

Cielo
Gris plomizo,
Oscuro;
Cieno
Y barro.

Llueve
Sin descanso.

IV

Mientras
La tarde
Muere,
Yo me estoy interrogando.

Un hombre canso
Esperando
Un no sé qué
Que no va llegando.

11/10/2020

7

PAISAJE DE VERANO

I

Crascita el cuervo
En el trigal ya seco.
Un sol tórpido da fuego,
Arranca cieno
Entre la tierra
Enteca.

Al crepitar
De los rayos
Brillan las piedras
Y fulgen los cantos
Que la luz de agosto
Esplende.

Vahos
De sed y barro
Espejean,
Donde otrora
El arado
Hundió su reja.

Yo, mientras,
Aguardo
Algo que estaba esperando.

II

En el campo,
Del zorro,
Raudos
Tauteos
Anuncian presas
De pájaros.

Luego,
Los élitros
Del grillo
Su sonido
Agudo van concordando.

A lo lejos,
Los oteros
Y los prados
Sigo observando.

III

Nada se mueve,
Ni el chopo aleve
Al aire
Agita
Sus hojas verdes.

El tiempo va pasando,
Solo paisaje triste

De abrojos,
Cañas y hierbas
Agonizando.

IV

Cuando
Todo despierte,
Nadie te estará aguardando
Si no tu sombra,
Hombre de antaño
Que, ahora, se desvanece
Rápido.

Madrid, 15 de agosto de 2020.

8

HELADA

I

Frío. No hay nada.
El horizonte no existe.
No pían los pájaros
Y el paisaje es un infinito manto blanco.

Sólo quedan las sombras
Y restos de nieve
Con furia, golpeando,
Cada uno de los pasos
Que hemos ido dando.

Oscuros
Espejos
De esa vida sin futuro
Ni tiempo
Que nos está aguardando.

El aire hiela.
El viento azota, gime, reverbera.
El cielo, de azul escaso,
Se congela.

II

Y, sin embargo,
Tu rostro permanece
Ante la intemperie
Mudo y estático.

Mientras,
Los otros hombres pasan
Y, entre la escarcha,
Ella,
La innombrable, gélida,
Nos acecha,
Sin descanso.

Tú, solo puedes
Quedarte musitando,
Preguntándote, preguntando,
Para cuándo
Su veste
Turbia y negra
Ha de golpearte raudo.

Enero de 2021.

MOMENTOS

9
DESPUÉS DE ABRIL

El tiempo,
Compañero
De la araña,
Lento
Borda
Sus hilos
En mi alcoba.

Un huracán
De luz
Que ya presiento
Entra
Con la aurora.

Hay un tic-tac
De nieve a mis espaldas
Y no comprendo
Porqué
Todos los relojes
Dan la misma hora.
El hombre está despertando.
Que vuelva a dormir.
Descanso.

10

NOCHE Y MUERTE

"La noche tiene la forma de un grito de lobo".

(ALEJANDRA PIZARNIK).

I

La muerte
es una ausencia
aún más larga
que la vida,
un camino
sin rumbo
y sin estrellas,
donde el olvido
acecha
para siempre.

II

La terrible
noche,
implacable,
nos persigue
a cada instante
y su manto
oscuro,
de silencio,

impide
que la aurora
nos rescate.

No vivimos,
soñamos
este momento
y creemos,
entonces,
que nacemos,
pero
luego
el cansancio
nos invade
y perdemos,
la partida
en cada lance.

III

Vive
quien puede,
quien resiste,
quien es inexorable,
quien sabe
que hacerlo
es arriesgarse,
quien afirma
que mañana
no es un verbo,
sino una hipótesis

futura,
matemáticamente
inencontrable.

IV

Y, además,
¿para qué es esto?,
¿por qué esta angustia?,
¿para qué las preguntas
sin respuestas?,
¿para quién
los gritos
sin sentido,
y el amargo
sabor
de nuestro
llanto?

V

Al terminar,
al fin y al cabo,
ni somos,
ni hemos
sido,
si no
sombras
de estatuas
sin sentido,
que un moribundo

Dios
fraguó
en cada instante.

16.09.2014

11

VAMOS VIVIENDO

"…Y esa voluntad en minutos de sucesión que llamáis vivir…"

("Mujer con alcuza", Dámaso Alonso).

I

Hace frío
Y te acaricio
El rostro,
Sin conocer
Cuál es tu nombre,
Mujer desconocida,
Pura, pálida y distante.

No sé qué me pides,
Qué quiere mi errante
Y torpe mano,
Al contacto
Raudo de la tuya,
Qué artificio se busca con el tacto.

Pero estaba solo,
Golpeaba mi mente
La sensación del día que fenece,
Sin estrellas, ni blancas
Lunas para iluminar ese lejano
Espacio.

Un sitio
Oscuro, extraño,
Desprovisto de luces y de gente.

II

Estaba solo y también tenía miedo
De arrastrarme por caminos
Aún no hollados,
Del tiempo que he perdido,
Del amanecer apenas presentido,
De los otros,
De árboles que, antaño,
Fueron verdes
Y de aves que ya no son del paraíso.

Por eso,
Al verte,
Te tendí los brazos,
Me apreste
A la dicha abstracta de tenerte,
Al animal goce de tocarte,
Al puro ludibrio
De saberte
Distinta pero no diferente.

III

Porque solamente somos
Cuando nos reconocemos

En un momento
Entre los otros,
Cuando se aprietan los lazos
Inconstantes
De otros dedos,
Cuando entramos
En las trampas sutiles de otros cuerpos,
Cuando compartimos
La soledad de otra vida
Que no es nuestra.

       La cual, aun sin nacer, se va muriendo
En cada instante.
Y la sabemos
Imperfecta y mutable
Y, a pesar de eso,
Mientras tú la sientes,
Resultará perfecta y perdurable.

12

TRAS LA PANDEMIA

I

Volverá la vida,
Con sus juegos de azar, sus llantos, sus risas,
Sus lágrimas de otoño que amenazan lluvia,
Sus peleas fútiles, sus mentiras.

Porque todo está en el hombre, si saber lo miras,
En sus ojos turbios, en sus palabras vacías,
En sus actos de bondad, en los cafés que toma, en los pasos que camina /
Cuando te da la mano y también cuando te la retira,
En sus turbias
Miradas, en sus inútiles odios, en sus pieles sucias
Y también en sus alegrías.

Cuando lo piensas, lo hiciste tú todo, en miles de imágenes repetidas /
Ya apostaste otras veces en partidas
De cartas que jugaste, casi siempre perdidas
Y, asimismo, cuando ganaste y creíste en la victoria
(Siempre frágil) y solo por tu suerte merecida.

II

Pues todo ha estado en ti, desde siempre y, sin embargo, no lo sabías.

Ahora, que se cierra tu horizonte, que no dominas,
El tiempo y los espacios te aprietan, te acoquinan
Y todo lo de tu alrededor te contamina,
Retorna a tu centro, búscate, respira,
Piensa, crea, ordena, ilumina
A otros, trabaja, construye, reza y, ante todo, medita.

Tu tiempo es finito y todo, a la postre, termina.

Madrid, abril de 2020.

13

SOBRE LA VIDA

Nadie
Sabe
De qué sustancia
Está hecha
De los hombres la vida,
Ni qué signos
Marcaron nuestra infancia,
Ni qué hitos
En nuestros
Curvos caminos
Modulan las distancias
Que estos pasos recorrieron.

Pero
Si todos
Los días ante los espejos
Azogados
De los cuartos
Oscurecidos
Tu rostro
Contemplas
Y ves cómo se nublan los ojos
Por lo que estás viendo,
Como
Se agostan tus labios
De cansancio;
Entonces, comprenderás los versos

Que ahora
Escribo:
Trozos
De existencia,
De la carne gris apenas, sí, fragmentos,
Tenues soplos de un aliento
Débil; huellas
De mi sangre
Que, lentas, voy perdiendo.

     En tus gestos
Y letras
Las marcas
Del silencio
Hallarás comprendidas
Pues se van las palabras
Y, apenas,
Solo el olvido queda.

Septiembre de 2020.

14

LA CARRERA

I

Ya no escuchamos
El canto
Alegre de los pájaros,
De aguas frescas, tampoco
Acude a los oídos el apacible rumor de los regatos
Y perdido hemos
El perfume de las flores y de su color los encantos.

Ni siquiera el moderno
Dios que es el dinero
Nos permite ahora su delicado
Tacto.

Solo nos han llamado
Para ganar del tiempo
La carrera, para saltar más alto;
Todo más fuerte, más ágil y más rápido,
Para llegar no sabemos a dónde
Ni para qué ni cuándo.

II

Y, al final, cuando arribamos
A este lugar que decían de ensueño,

Lo descubrimos frío, oscuro, inclemente, pálido,
Lleno de sombras, de piedras duras y de afilados
Cantos.

    A la vista ni un árbol
Que refresque o dé sombra al desencanto.
Inaccesible todo, muy lejano
Y, en particular, tremendamente solitario.

23 de mayo de 2022.

ACTOS DE AMOR

15

UN INSTANTE.

Te amé,
Pero el tiempo destrozó los puentes,
Anegó riberas,
Arrancó los árboles,
Construyó trincheras.

Hoy, te sigo viendo,
Y aún espero
Que vuelvas
Con los días del sueño
Y la dorada luz de primavera.

Pero
La noche acecha,
La mies se ha agostado
Y el gris invierno
Veloz se aproxima
Sobre los frágiles cuerpos.

Al menos,
Deja
Que, en la retina, tu imagen retenga
Y que tiemble mi alma al pensar en aquello:
Lo tuyo, lo mío, lo nuestro.
Pues de lo que fue y ha sido,
Solo queda el recuerdo.

16

UNA IMAGEN

A veces,
Uno cree
Que el amor es puro, fuerte,
Eterno
Y que permanece
Para siempre.

Pero
Tal evento
Solo sucede
Raramente,
Por ejemplo,
Cuando contemplo
Una imagen, un torso
Joven, esbelto
Que, lento,
Pasea
Por la calle y se cimbrea,
Me mira directo
A los ojos y parece
Que me dice: ¡Vente ¡

Entonces, pienso
Que todo eso,
Lo que, ahora, siento,
Vale la pena contemplarlo,

Seguir sonriendo,
Continuar viviendo;
Aunque sepa
Que tú, amor, no existes
Y tú, belleza,
No eres
Más que polvo,
Ceniza y humo blanco evanescente

Finales de marzo de 2023.

17

LOS AMANTES

Para Ana

I

Dos cuerpos
En un abrazo
Se funden, cerrado,
Hermético
Y perfecto.

Mano contra mano
Chocan; ecos
De un pasado,
Sonidos
Que fueron,
Ya dispersos;
Gemidos,
Balbuceos,
Murmullos repetidos,
Y verbos
Inconexos.

Piel que, lenta en la caricia,
Atrapa y desordena,
Cabello
Que trenza,
Es y fue melena,

Sabiendo
Que la sangre nos bulle y va saliendo
Desde dentro
Hacia afuera
Como si morir quisiera,
Naciendo
Como un río
Que es tromba y que es caricia.

II

El sexo
Avanza, golpea,
Ataraza,
Quema,
Está ardiendo,
Atraviesa
La carne y en el sudor y en los huesos
Se condensa.

Gritos
Que, siguiendo la estela
Del deseo,
Se entremezclan;
Licores
Que se beben,
Olores
Que se huelen
Y envenenan.

III

Se retuercen
Sin freno
Los amantes,
Enlazan sus posturas
En silencio,
Se quiebran
Sin ecos
Sus figuras,
Se construyen
Sin mimbres
Los dos puentes.

Permitid, ¡oh, dioses¡, que el silencio
No turbe sus sentidos,
Que no existan
La duda ni las sombras,
Que no nazca el dolor
En este tiempo.
Ni oscuridad, ni pensamiento
Altivo,
Torpe de odio
Y de sustancia falto.

Que este amor no sea polvo,
Ceniza,
Dudas,
Hastío
E inconstancia,
Que lo supere todo:

La vida, los sueños, el olvido
Y la distancia.

IV

Dejad, pues, a los amantes sus ritmos
De contacto,
Entretejidos,
Que retomen sus signos y sentidos,
Su goce y su constancia,
Su triunfo y su tragedia;
Que construyan
Sus palabras
De amor, aunque sean
Falsas.

Pues todo
Lo vivido
Se irá yendo,
Y es sabido
Más pronto
Que más tarde, paso a paso.

V

Volverán esos lazos
A desatar sus nudos en la ausencia,
Tornarás a ser otro
Ser desconocido,
Fugaz, apenas

Presentido,
Más humano también e imperfecto,
Y sus sombras vagarán por el olvido,
Mientras
La noche y la oscuridad les cercan.

        Y, al final, ha de quedarte
Ese fugaz recuerdo
Del instante en que fuiste el otro,
Aun sin saberlo.

18

RECUERDO

I

Algunas tardes que no llueve,
Te recuerdo
Paseando lenta, morosa y calladamente,
Atisbo como era tu rostro
De sonrisa contenida,
Como tu cuerpo
Era un junco aventado por el aire
Y tus manos de luna
Se agitaban con tu falda,
Mientras caminabas
Con ritmo por la calle.

Y pienso,
Entonces, que si pudiera
Atraparía tu perfume de lirios tan callado,
Cuyo olor impregnaba
De aroma inusitado
Tu cabello.

Rozaría tus labios, creo,
Con mis besos
Y te hablaría, suavemente,
De mis cosas, del desayuno alegre en las mañanas,

Del laburo preciso de los días,
O de qué radio escuchaba los domingos.

II

Pero, entonces,
Mi mente en su reflejo
Mo lo dice quedamente:
"Aquella que tú amaste, ya no existe",

Ni siquiera su nombre aparece
En una lápida
Y sus fotos acumulan
Acetona amarilla y polvo
En los estantes.

III

Y, luego,
Me pregunto de qué sirves
Memoria del pasado
Y la nostalgia
Si solamente nos va quedando
Evocar el ruido de unos pasos,
Una fugaz mirada sin retorno
Y un olor que se pierde en el olvido.

19

OCASO DE LLUVIA

"… So Eden sank to grief,
So, dawn goes down today.
Nothing gold can stay."

(ROBERT FROST. *Nothing Gold Can Stay*)

I

Sólo pensaba en ti aquella tarde,
Ahíta de musgo y plena de tristeza,
Cuando caían gotas de lluvia transparente
Que humedecían, lentas, la agreste maleza.

Sólo pensaba en ti, recluido en mi cuarto
Y, mientras tanto,
Con morosidad absoluta, urdía con mi mente
Sueños extravagantes, arteros e insensatos;
Sueños en los que nos amábamos
Desde antaño
Y para siempre
Porque la vida era eterna,
Plácida y completa.

II

De pronto, las nubes grises, torvamente,
Anunciaron que la tormenta arreciaba

Intensamente,
Y el golpear del agua
En mi ventana
Me trajo a esta vacuidad presente
Donde todo era dolor y tú, ausente estabas.

Y, entonces, cómo la vida puede convencerme,
Qué consuelo buscar, qué esperanza
Mis manos, entre sábanas
Frías, aferrarán ardientemente,
Cuando yo tiemble,
Qué ecos de tu voz buscaré para acogerme,
Cuando es tu carencia el puñal que me hiere
Eternamente.

Madrid, 20 de marzo de 2021.

20
HEMOS POSEÍDO MUCHAS COSAS INÚTILES

Nadie puede
Pedir lo que no tiene,
Poseedores de cosas,
Perseveran, las mantienen,
Pero el amor es un verbo
Inexistente.

Y atrapado, elusivo, entre las manos,
Solo la mente
Y el sexo
Lo sostienen.

Pues, al cabo,
No existe
Si no en ti, imagen de mi fe intermitente
Y así, se sobreentiende
Que tu voz y formas son los ecos
Y carecen
De cuerpo carnal, aunque lo intenten.

Sin tu presencia, sueños
Son, al fin de todo, de lo presente;
Pues solo tú justificas su existencia,
La razón de ser e, incluso, el olvido de su muerte.

21

HA PASADO EL TIEMPO

"¡Tú más aún: tú como
tú, sin palabras
toda singular, desnudez
única, tú, sola!"

(Jorge Guillén)

I

El amor no existe.

Sin embargo,
Al final, nos quedan
Las palabras y los gestos
De una aleve mano
Que acarició un cabello,
Onda suave que golpeaba el viento.

Acuso el recibo de tu sonoro eco,
De esa voz cantarina
Que acunaba la luna y me hacía conocer todos sus secretos.

Y unos cuerpos
Ávidos, desnudos de los roces y ahítos de los besos
Que, a veces, se buscaban sin miedo
Y ansiaban encontrarse en el círculo mágico del deseo
Y del sexo.

II

Pero,
Ahora, es tarde y ha pasado el tiempo.
Llegada es la noche, vencidos son los sueños
Y un rostro de viejo
Y de sombras ya grises me devuelve el espejo.

Contempla, y no pienses, adentro;
Lo sabes, pero como de todo lo humano,
Solo ha restado
El polvo, la ceniza y el infinito silencio.

22

EN EL RECUERDO

"Oídlo bien, diurnos;
La noche ardía y yo no huí."

("Fe del fuego", PEDRO LÓPEZ LARA).

I

Es otoño
Gris en la ciudad lejana,
Cae, a ratos, la tarde
Y tu recuerdo
Golpea
muy hondo, en este centro.

Dura es la ausencia
Que con el cuerpo
Arrastro
Lentamente
Y oscuro es el barro
De la memoria
Humana
Que, a trancas,
Penetra
Hondamente
Y tus rasgos deslava.

II

Yo tan solo le pido
a este triste momento
Que no pueda
El olvido
Deshacer tu mirada.

El ocaso,
Entre tanto,
Nos devuelve la luz negada
Y, henchido de sombras,
Me refugio en la almohada.

En mitad del silencio,
No resuenan tus ecos
Y tan sólo la niebla
Cae, de pronto, total e inesperada.

Me agazapo en mis sueños
Y aun éstos me niegan
Tu rostro añorado de mujer cotidiana.

III

Deja, al menos,
Entonces que tu nombre
Yo invoque.

Quizás, como un mago,
Lo logre:
Que tu imagen retorne
Desde la nada y la noche.

23

DOS EN UNO

I

Dos cuerpos
Combaten el uno contra el otro
Eternamente;
Corazones unidos, resuellos
Sin límites, sexos
Compartidos,
Luchas desniveles,
Sudorosas pieles,
Goces tan intensos
Que repiten su ritmo, una y mil veces.

Dos cuerpos que ansían no serlo.
Que quieren
Lograr lo inaudito,
Lo inesperado, lo eterno.

Unirse en el otro, juntarse las sangres, la vida, el dolor, lo humano incierto.

Unidad en las formas, búsqueda del centro
Porque lo uno es perfecto
Cuando se descubre al otro; cuando vagas errado
Bajo el manto

De la noche negra,
Sin rumbo fijo ni fúlgidas estrellas.

Y los brazos que aprietan,
Y el sudor que exprime el esfuerzo;
Dos al unísono,
La búsqueda sin fin del deseo
Sin fondo
Ni tampoco principio.

II

Desear ser uno solo,
Juntos en el mar y tierra adentro.
Ansiar que el futuro no exista, que nunca aparezca en tu sueño,
Ser solamente
Un instante
De goce presente,
Mónada insaciable,
Átomo imperfecto.

Balbucear lo inconexo,
Lo innombrable, lo desconocido,
Lo que he perdido
Y ya no encuentro.

Dejar de ser uno mismo
Hendirse en la carne, frotarse los huesos,
Destrozarse los músculos, agrietarse las ingles, unir los deseos
Con animales gritos
Y furias de antaño sin ritmos ni acentos.

III

Mundo feliz: ser tú, como ella
Y ella, como tú eras
O fuiste: infinito, inconcreto,
Indomable y perfecto;
Saber que fuiste
De otro, que acariciaste labios plenos
De saliva y esencia,
Ojos con destellos
De rabia, con inédita
Fuerza,
De fuera
Hacia adentro.
Unidad plena
En ella.

Ser agua de vida,
Caricias de senos
Que, ahora, sin cansancio, fluyen sin saberlo.
Ingerir sus sustancias
Que, de amor, están plenas
De una fuente que mana y que nunca se seca.

¡Oh, éxtasis divino ¡
¡Oh perfección de los goces
Que nos han sido dados
Quizás sin merecerlos ¡

IV

Y, después, ya sin tiempo,
Acabados los encuentros
Frágiles, duros, sangrientos,
Vencidos en una batalla de golpes intensos;
Entonces, retornar el sendero,
Desandar los caminos
Que, juntos, emprendimos,
También, sin pretenderlo,
Sin derrota ni rumbo conocidos.
El retorno perenne de lo eterno.

Que no acabe esto.
Que no existan ni el mañana ni el hoy, que desaparezcan
Los límites estrechos
Y se borren los tiempos,
Que no dispongas de bordes o de términos,
Que nadie nos separe para siempre
Ni diga basta y extermine
Las palabras y los verbos.

V

Pero
Todo termina y nada es perfecto,
Todo es fin, ruptura, oscuridad, ocaso, contradicción y estrépito,
Cuando vuelves
A ser lo que fuiste,
lo que antaño eras y no reconociste:

Solitario
Individuo,
Rostro
Desconocido
Para el otro,
símbolo
De la nada, fracaso, interrogación, silencio.

En ese preciso momento
Te golpeará el cansancio,
El olvido atroz, el desamor inerte, el peso
De ser hombre: tú, fatigado, inerte, muerto.

Entonces, agotado
Y del esfuerzo
Vencido,
Sabrás qué ya solo te queda
El recuerdo
Del pasado goce y restallará como un eco
constatar, nuevamente, que tu destino
Era éste: ser uno, solitario, triste e imperfecto.

Febrero 2025.

24

UNO

I

Te besé.
Silencio.
Y no fuiste ajena,
sino sed
hecha
agua,
sombra
de luna
clara;
tinta
indeleble
que penetra
en mi cuerpo.

Te toqué.
Sentimientos.
Sangre
oscura
de invierno
que atenaza
mis venas
y percute
el cerebro,
y ese aire
tuyo,

sutil
que acaricia
el cabello.

Te sentí.
Conocedlo.
Ya tu silbo
amoroso
me golpea
por dentro.

II

Eso quiero.
Sabedlo.
Y mis dedos
arácnidos
agarraron
tu ser
y atraparon
tus sueños.

Porque,
al final,
ya no eres,
ni yo existo
en el centro,
sino una
persona;
uno que es el otro,

círculo
que se cierra,
unidad
en la nada,
que es perfecta
en el tiempo.

Madrid, 25 de enero de 2015.

CODAS FINALES

1ª

LA MUDANZA

I

Has llegado a la antigua casa,
Ordenado tus cosas,
Recolectado apolillados recuerdos,
Hecho acopio de restos,
De huellas perdidas,
De rotos cuadernos.

Páginas
De vencidas
Tapas,
Donde se contienen desleídas
Tintas en renglones diversos,
Aherrumbrados pecios
Con historias lejanas
De un pasado ya muerto.

Has limpiado mamparas,
Ejecutado cambio de objetos:
Guías de teléfonos,
Facturas desvaídas
de números
Y precios,
Fotografías amarillas,
Libros caducos, de cobre los céntimos,

Crónicas de viajes olvidados,
Rostros de otros tiempos,
Papeles heteróclitos,
Botellas de vinos agrios y añejos.

II

Luego,
Entre todas esas imágenes, sombras y ecos,
Me he quedado
Contemplando
Mi rostro ante el deslucido espejo,
Viendo
Que nada
Resta de quien fuiste en otro momento,
Observando
Tu vencido cuerpo,
Lo que pudo ser y se ha ido consumiendo.

Y, al final, como resumen agónico de todo esto,
Queda este inexplicable agotamiento,
Ese espeso,
Rancio, oscuro y terrible silencio,
Donde adivinas que no estás muerto
Y que es necesario,
Quieras o no,
Seguir viviendo.

Enero de 2025.

2ª

IMPORTA QUE A GODOT LE ESPEREMOS
AÚN MÁS TIEMPO

I

Ninguno de nosotros (o, tengo
Que recordarlo, de vosotros, al unísono) a Godot esperaría en estos
Oscuros, complejos e inciertos
Tiempos
Y así, mientras le buscábamos al descubierto,
Hemos sufrido inevitables y catastróficos sucesos:
Lluvias interminables, constantes y plomizas, a las que siguieron
Calores indomables, tsunamis, terremotos
Y ruidos de horrísonos ecos
(Algunos, con verdadero ardor científico político, atribuyeron
Tales hechos
A no sé qué causa de cambio climático, acción humana irreparable,
conspiraciones o inconfesables silencios).

Expectantes, bajo la cobertura de un árbol seco,
Tampoco pudimos hacer el amor frecuentemente o recibir el aplauso
Estentóreo/
Por sobrevivir, nuestro
Sin duda, más que merecido éxito;
Ni logramos tomar el amargo café con compañeros
Del laburo ni tampoco deambular por las tardes en paseos
Sin rumbo, distracción o pasos sin cuento.

II

Al final, abandonada la esperanza de encontrar a ese individuo macilento,

Godt, Got, God, Gottot, Godot o Dios innombrable, espectador de desastres, muñeco/

De burlas inefables, títere de gestos

Y, a la vez, también inexpresivo,

Genuino, indomable, astuto e inconexo,

Nos hemos refugiado en las terrazas, los arqueológicos museos,

Alamedas urbanas, oníricos centros

Comerciales, repletos

De cafeterías oscuras y extraños baretos,

Sin haber publicado siquiera un manifiesto

De lucha, combate, insumisión o aburrimiento.

III

Aguardando que venga la Parca y nos libere de esta angustia, la incertidumbre, del futuro incierto, /

Y nos devuelva a un Mundo sólido, perdido para siempre y sin ejecutar cualquier fe o titánico esfuerzo/.

Mayo de 2025.